国网山东省电力公司
STATE GRID SHANDONG ELECTRIC POWER COMPANY

国 网 山 东 省 电 力 公 司
综合计划与投资管理系列丛书

固定资产零购管理

国网山东省电力公司发展策划部　组编

中国电力出版社
CHINA ELECTRIC POWER PRESS

图书在版编目（CIP）数据

固定资产零购管理 / 国网山东省电力公司发展策划
部组编. -- 北京 : 中国电力出版社, 2024. 12. -- (国
网山东省电力公司综合计划与投资管理系列丛书).
ISBN 978-7-5198-9247-0

Ⅰ. F426.61

中国国家版本馆 CIP 数据核字第 2024RV4742 号

出版发行：中国电力出版社
地　　址：北京市东城区北京站西街 19 号（邮政编码 100005）
网　　址：http://www.cepp.sgcc.com.cn
责任编辑：罗　艳　高　芬
责任校对：黄　蓓　张晨荻
装帧设计：张俊霞
责任印制：石　雷

印　　刷：北京雁林吉兆印刷有限公司
版　　次：2024 年 12 月第一版
印　　次：2024 年 12 月北京第一次印刷
开　　本：710 毫米×1000 毫米　16 开本
印　　张：3.25
字　　数：50 千字
印　　数：0001—2500 册
定　　价：25.00 元

编　委　会

前　言

为适应改革发展新形势，建立完善科学高效的管理体制机制，加快推进国家电网有限公司（简称国家电网公司）战略落地实施，国家电网公司印发了《国家电网有限公司关于印发"战略＋运营""战略＋财务"管控模式优化方案及总部第三批"放管服"事项清单的通知》（国家电网体改〔2020〕431号），着力提高资源配置效率、投入产出效率和管理运营效率。明确提出提高零星购置响应基层需求的能力，进一步优化报送流程、加强标准建设，将零星购置需求提报下沉至县公司、一线班组，实现及时响应基层一线需求的目标。

为加强零星购置项目需求必要性论证，满足保障安全生产、提高工作效率、服务基层一线必需等各领域需要，进一步提高零购投资和项目储备的科学性和精准性，国网山东省电力公司根据《国家电网有限公司综合计划管理办法》（国家电网企管〔2021〕64号）、《国家电网有限公司固定资产零星购置管理规定》（国家电网企管〔2019〕425号）等文件要求，开展《国网山东省电力公司综合计划与投资管理系列丛书　固定资产零购管理》编制工作，供各级单位开展零星购置管理参考，具体各项业务要求以最新发布的版本为准。

本书详细描述了固定资产零星购置的综述体系、管理内容和流程、数字化应用等重点内容，适用于国网山东省电力公司及下属的各市县公司、各直属单位计划管理相关人员，以指导零星购置管理人员更快、更好地掌握零星购置管理流程，从而达到准确、熟练完成零星购置日常管理工作的要求。

本书在编写过程中得到了国网山东省电力公司领导的大力支持，同时得到了地市公司以及基层单位的帮助。在此，对所有关心支持本书编写和出版工作的同志们表示衷心的感谢！书中不妥和不尽如人意之处恐难避免，热切希望专家和广大读者不吝赐教，批评指正。

编者

2024 年 10 月

目　录

总论

1.1 零购管理综述

零星购置是指在国家电网有限公司固定资产目录内未纳入工程项目管理、可以独立发挥作用且无建筑安装工程量的设备、仪器仪表、工器具及运输工具等固定资产。

1.2 零购管理体系

1.2.1 基本原则

严格执行国家、行业、公司有关方针政策、法律法规和规章制度。坚持一级管控、两级决策、三级实施、四级提报，提高固定资产零星购置的规范性和精准性。坚持经济节俭、优化配置，实现零星购置固定资产安全、效能、周期成本最优。

1.2.2 固定资产具体范围

1. 交通运输车辆

包括公务车辆、生产服务车辆（含生产管理车辆、生产普通车辆、生产特种车辆、产业类服务车辆）和其他特种运输设备（含船只）等须办理交通牌照的设备。

2. 生产管理用工器具

包括制造、检修维护设备和生产、安全与应急工器具等。

3. 仪器仪表及测试设备

包括发电、输电、变电、配电、通信、营销、物资、自动控制、网络安全检测等仪器仪表及测试设备。

4. 办公及辅助设备

包括个人办公用电子计算机（台式机、笔记本电脑等），打印、复印、扫描、传真等办公设备，印刷机、电动切纸机、电动订书机等印刷设备，摄录及图像编辑设备，通信设备等。

5. 其他

包括为生产生活服务的其他零购设备等。

固定资产具体范围如表 1-1 所示。

表 1-1　　　　　　固 定 资 产 具 体 范 围

固定资产分类	二级分类	总部主管审核专业	省公司审核部门	备注标注
交通运输车辆	公务车辆	公务用车	后勤部	
	生产服务车辆	生产管理车辆	设备部	
		生产普通车辆、生产服务用车	设备部	
		生产特种车辆、生产服务用车	设备部	
	其他特种运输（含船只等）设备	其他特种运输（含船只等）	设备部	
生产管理用工器具	规划、设计相关工器具	规划	发展部	
	工程建设相关工器具及施工机械	建设	建设部	
	安全、应急工器具	检修	安监部	安全、应急
	生产运维、检修工器具	检修	设备部	变电运维、变电检修、输电运检、输电带电作业、配电运检、配电带电作业
	营销相关低压运维装备	营销	营销部	计量采集、装表接电、用电检查

续表

固定资产分类	二级分类	总部主管审核专业	省公司审核部门	备注标注
生产管理用工器具	科研工器具	办公及其他	科技部	
	教育培训工器具	办公及其他	人资部	
	金融工器具	办公及其他		
	产业工器具	办公及其他		
	物资仓储管理工器具	物资仓储	物资部	
	通信工器具	运行	调控中心	
	信息化工器具	检修	数字化部	
仪器仪表及测试设备	规划、设计相关仪器仪表及测试设备	规划	发展部	
	工程建设相关仪器仪表及测试设备	建设	建设部	
	生产运维、检（抢）修仪器仪表及测试设备	检修	设备部	变电运维、变电检修、输电运检、输电带电作业、配电运检、配电带电作业、电气试验
	营销测盘仪器仪表、营业终端设备	营销	营销部	计量采集、装表接电、用电检查
	科研仪器仪表及测试设备	办公及其他	科技部	
	教育培训仪器仪表及测试设备	办公及其他	人资部	
	金融仪器仪表及测试设备	办公及其他		
	产业仪器仪表及测试设备	办公及其他		
	自动化检定装置，仪器仪表及测试设备	运行	调控中心	
	继电保护检定装置、仪器仪表及测试设备	运行	调控中心	
	物资仓储仪器仪表及测试设备	运行	物资部	
	通信检定装置、仪器仪表及测试设备	运行	调控中心	
	信息化仪器仪表及测试设备	检修	数字化部	
办公及辅助设备	办公用电子计算机	检修	数字化部	
	办公及辅助设备（不含办公用计算机）	办公及其他	办公室	
其他	科研工器具	办公及其他	科技部	
	教育培训工器具	办公及其他	人资部	

固定资产分类	二级分类	总部主管审核专业	省公司审核部门	备注标注
其他	科研仪器仪表及测试设备	办公及其他	科技部	
	教育培训仪器仪表及测试设备	办公及其他	人资部	
	后勤服务类设备	后勤	后勤部	

1.2.3　管理职责

发展部为固定资产零星购置归口管理部门，主要职责为：

（1）贯彻执行国家、行业和公司有关方针政策、法律法规和制度标准等。

（2）制定公司固定资产零星购置管理规定，统一组织编制、审核公司固定资产零星购置项目年度计划，并纳入公司综合计划统一管理。

（3）监督、指导公司系统固定资产零星购置管理工作，组织开展固定资产零星购置计划执行情况检查。

（4）负责公司规划设计相关工器具、仪器仪表、测试设备等固定资产配置标准制定及计划审核。

财务部是公司预算的归口管理部门，负责将固定资产零星购置业务预算纳入公司预算统筹平衡，并按规定组织有关预算管理、资金管理、会计核算等工作。

设备部牵头负责生产运维、检（抢）修装备、安全与应急工器具、信息化工器具、生产服务车辆、特种运输设备等固定资产配置标准制定及计划审核，并监督检查配置标准、计划执行情况，汇总统计相关配置情况。其中，安监部配合制定安全和应急工器具零购项目配置标准及计划审核，数字化部配合制定信息化相关工器具、仪器仪表等固定资产配置标准及计划审核。

营销部负责营销相关低压运维装备、测量仪器仪表、营业终端等固定资产配置标准制定及计划审核，并监督检查配置标准、计划执行情况，汇总统计相关配置情况。

建设部负责工程建设相关工器具、仪器仪表、测试设备及施工机械等固定资产配置标准制定及计划审核，并监督检查配置标准、计划执行情况，汇总统计相关配置情况。

物资部负责物资仓储相关工器具、仪器仪表等固定资产配置标准制定及计划审核，并监督检查配置标准、计划执行情况，汇总统计相关配置情况。

后勤部负责公务用车、后勤服务类零购项目配置标准制定和计划审核，负责公司总部机关零购项目储备和计划编制，并监督检查配置标准、计划执行情况，汇总统计相关配置情况。

调控中心负责调度自动化、继电保护、通信相关工器具、仪器仪表、测试设备等固定资产配置标准制定和计划审核，并监督检查配置标准、计划执行情况，汇总统计相关配置情况。

办公室负责其他零星购置固定资产配置标准制定和计划审核，并监督检查配置标准、计划执行情况，汇总统计相关配置情况。其中，科技部配合管理科研专业设备零星购置项目，人资部配合管理教育培训专业设备零星购置项目，数字化部配合管理信息、办公用电子计算机专业设备零星购置项目。

省公司相关专业部门按照管理职责分工开展固定资产零购设备需求梳理和提报，负责开展职能范围内相关固定资产零购储备项目评审和计划建议审核，对计划执行情况等进行监督检查，组织梳理本专业固定资产零购设备台账，提出需纳入名录库的新设备需求，配合开展固定资产零购后评价。

市公司发展部门为本单位固定资产零购归口管理部门，组织各专业部门按照职责分工开展固定资产零购设备需求梳理和提报，编制固定资产零购项目储备库、年度计划建议，建立固定资产零购设备台账，提出需纳入名录库的新设备需求，实施固定资产零购项目，并对计划执行情况进行检查和考评，开展固定资产零购后评价。

县公司发展部门为本单位固定资产零购归口管理部门，组织各专业部门按照职责分工开展固定资产零购设备需求梳理和提报，建立固定资产零购设备台账，提出需纳入名录库的新设备需求，实施固定资产零购项目，配合开展固定资产零购后评价。

各级经研院（所）负责做好固定资产零购储备项目立项审查、计划审核、执行分析等支撑工作。

1.2.4　分类形式

根据零购资产性质和单项投资规模，在计划编制中采取以下形式分类：

（1）限上项目。全部交通运输车辆及总部统一部署的专业零购设备，公司总部负责立项审核批复。

（2）限下项目。除限上项目以外的项目，省公司级单位负责立项审核批复。

1.2.5　固定资产与低值易耗品

固定资产是指企业为生产产品、提供劳务、出租或者经营管理需要而持有的、使用时间超过 12 个月，购置价值 5000 元或以上的非货币性资产，包括房屋、建筑物、机器、设备、器具、工具等。只有符合固定资产性质才能放入零购储备项目的需求。

低值易耗品是指劳动资料中单位价值在 10 元以上、2000 元以下，或者使用年限在一年以内，不能作为固定资产的劳动资料。

内容及流程

2.1 整 体 管 理 流 程

零星购置管理包括项目常态储备、计划建议、计划下达、计划执行、计划调整、评价反馈六大关键环节。

零星购置整体管理流程如表 2-1 所示。

表 2-1 零星购置整体管理流程

序号	管理层级	项目储备	计划建议	计划下达	计划执行	计划调整	评价反馈
1	公司总部	/	发展部负责会同各专业部门组织开展年度计划建议评审;各专业部门负责提出各专业的投资方向和投资重点	发展部负责下达各单位限上项目和各单位限下项目规模	/	发展部负责限上项目计划调整	/
2	省公司	发展部会同各专业部门组织经研院审查各单位储备项目。由经研院出具限上、限下项目评审意见,发展部出具批复意见	发展部负责会同各专业部门组织经研院开展年度计划建议评审;各专业部门负责提出各专业的投资方向和投资重点	发展部负责分解下达限下项目计划	发展部会同物资部门审核计划项目与招标需求的一致性,跟踪分析计划月度执行情况。各专业部门按照"管项目必须管进度"的原则,督导零购项目实施进展	发展部负责限下项目计划调整,提出限上项目计划调整建议	各专业部门将设备价格、适用性评价反馈物资部门。设备使用效率评价反馈专业部门
3	市公司	发展部会同各专业部门组织经研所审查各单位储备项目		/		发展部负责提出计划调整建议	

序号	管理层级	项目储备	计划建议	计划下达	计划执行	计划调整	评价反馈
4	县公司	发展部组织专业部门审查一线班组装备需求，开展项目储备工作	发展部组织专业部门开展计划建议编制	/	发展部跟踪分析计划月度执行情况，督导项目执行；各专业部门负责零购项目实施	发建部负责提出计划调整建议	发建部组织专业部门开展装备使用评价
5	一线班组	负责提报零购装备需求	/	/	/	/	根据一线生产使用情况，评价设备使用效率效益

2.2 项目常态储备

2.2.1 工作要求

（1）省、市、县各级单位根据公司发展战略、专业发展规划、年度重点工作安排，结合本单位实际，动态开展项目需求论证，形成储备项目，编制申请报告，逐级上报审批，提高项目储备质量和效率。

（2）总部管理项目储备由省公司编制申请报告，国家电网公司总部各有关部门根据管理职责分工负责储备入库审核；省公司管理项目储备由省公司组织市县公司、业务支撑单位编制申请报告，省公司各有关部门按照管理职责分工参与储备入库审核。

（3）项目申请报告由市县公司、业务支撑单位按需提报，对项目必要性、合理性、财务合规性以及投资概况进行基本介绍，并由省公司专业部门进行审核。总部管理项目申请报告由省公司初评后上报国家电网公司总部评审批复；省公司管理项目申请报告由省经研院负责出具评审意见，省公司发展部批复。

（4）项目申请报告评审侧重于项目必要性、主要技术方案可行性、投资测算合理性。未履行评审程序的，不得纳入项目储备。

2.2.2 工作流程

零星购置管理工作流程如图 2-1 所示。

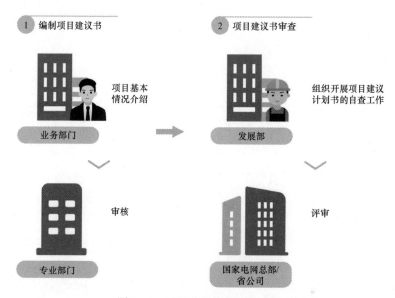

图 2-1 零星购置管理工作流程

各级发展部是本单位固定资产零购归口管理部门，在零星购置管理工作流程中各个环节发挥重要作用，如图 2-2 所示。

图 2-2 发展部在零星购置工作流程中的作用

零星购置项目储备管理工作流程如表 2-2 所示。

表 2-2　　　　　　　　　　零星购置项目储备管理工作流程

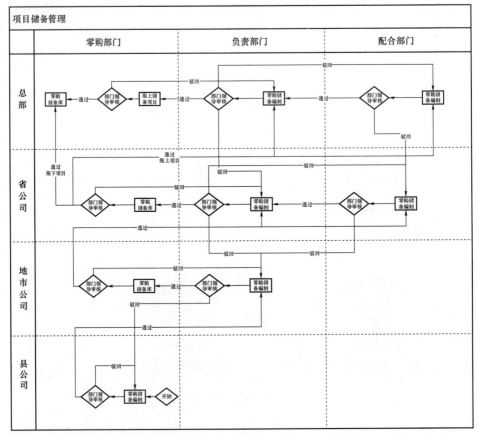

2.3　计　划　建　议

2.3.1　工作要求

（1）省公司按照国家电网公司综合计划、预算编制统一要求，统筹编制本单位固定资产零星购置项目建议书（见附录 B），纳入本单位综合计划建议和预算草案报送国家公司总部。纳入年度计划建议的项目应来源于储备项目。

（2）根据零星购置固定资产性质，总部管理项目计划须逐项上报国家电网公司总部；省公司管理项目计划按照专业类别打捆上报总部，分类明确购置项目名称、总投资、单价和数量。在省公司计划中，限下项目细化到单个项目。

2.3.2 工作流程

零星购置计划编制管理工作流程如表2-3和图2-3所示。

表2-3 零星购置计划编制管理工作流程

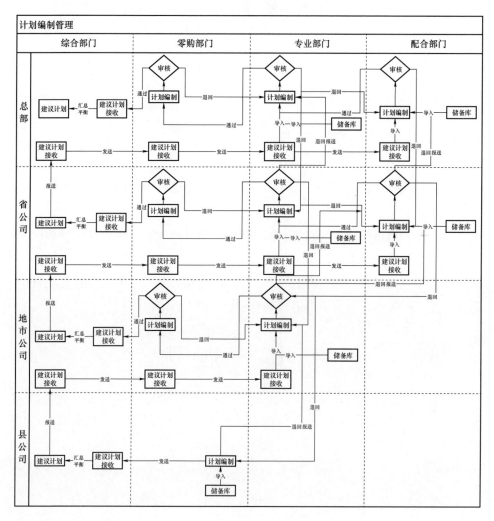

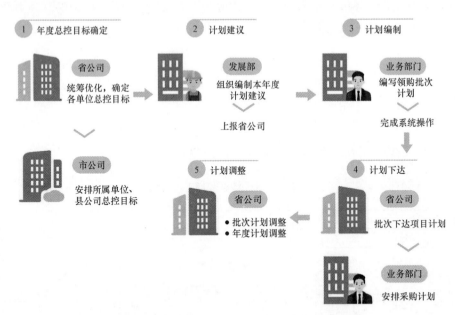

图 2-3 零星购置计划编制管理工作流程示意图

2.4 计 划 下 达

（1）审核通过的固定资产零星购置项目计划,纳入省公司综合计划和预算方案,履行省公司决策程序后下达。

（2）国家电网公司对总部管理项目投资计划逐项下达,省公司管理项目投资计划按规模下达,省公司对省公司管理项目进行分解落实。

2.5 计 划 执 行

2.5.1 工作要求

（1）固定资产零购计划一经批准下达,总部管理项目应严格按照国家电网公司总部下达的项目名称、数量、规格标准、执行期限等要求组织实施;省公司管理项目应严格按照国家电网公司总部下达的规模控制总量,并按照省公司分解下达的项目清单组织实施。

（2）固定资产零购项目实施应遵守国家电网公司设备采购有关规定,并充分考虑物资采购周期,切实做到有序、规范和高效。采购结果下达后,各级物资部门应按照相关规定及时、规范组织完成合同签订及履约。

（3）固定资产零购设备验收合格后,各级财务部门在 30 日内组织办理入账和转资,采购价格应以中标价格为准；各单位专业部门同步更新设备台账。

（4）零星购置项目招标主要包含国家电网公司/省公司集中批次招标、市公司授权招标和超市化采购三类,均需经 ERP 系统提报需求。

（5）发展部组织项目需求部门依据招标批次计划时间安排,通过 ERP 系统编报招标采购申请,同时在电子商务平台编报技术规范书。物资部根据招标项目的专业类型、规模标准,选择具有相应资格的招标代理机构,委托其开展招标代理业务。履行招标文件编制与审查、发标、开标、评标、定标程序后,将中标结果流转到相关信息系统,并在公司电子商务平台上发布。

（6）发展部主要从实施进度管理、项目资金管理、招标以及物资管理三个方面细化零购项目计划执行管控。实施进度管理方面,编制项目节点进度计划,由发展部组织各专业部门对项目实施进度进行管控；项目资金管理方面,编制项目资金预算进度计划,由财务部门对项目资金使用以及进度情况进行管理；招标以及物资管理方面,编制招标及物资进度计划,由物资部门对招标及物资计划实施情况进行管理。

（7）项目关闭是指确认零购项目流程结束,各单位财务部在固定资产零购项目完成后,通过 ERP 系统进行项目关闭,是零购项目闭环的最后一步,确保了零购项目执行的完整性。

2.5.2　工作流程

零星购置项目招标采购工作流程如图 2-4 所示。

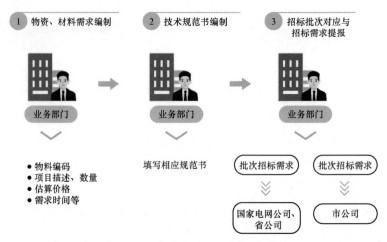

图 2-4　零星购置项目招标采购工作流程

2.6　计　划　调　整

（1）固定资产零星购置年度计划下达后，应严格执行。因客观因素和外部条件发生变化确需调整的，按照总部管理、省公司管理项目管理层级履行相关决策程序后调整。总部管理项目调整由总部审批；省公司管理项目在年度投资规模内调整，由省公司自行审批，突破年度投资规模的，需上报国家电网公司总部审批。总部管理项目和省公司管理项目之间的投资规模调整，须上报国家电网公司总部备案。

（2）对于涉及电网运行安全等方面的突发事件需购置的设备，可以在履行相关决策程序后实施，统一纳入综合计划和预算调整。国家电网公司总部相关部门负责对省公司提出的总部管理项目进行审核和备案，省公司负责对需调整的省公司管理项目进行审核和备案。

（3）每年 10 月份，年度计划调整由国家电网公司统一组织进行。省公司发展部组织各有关部门、单位应按照综合计划、预算调整的工作要求和程序，提出计划调整建议，上报国家电网公司总部。经总部审核批准的固定资产零星购置年度调整计划纳入公司综合计划下达。

零星购置计划调整工作流程如图 2-5 所示。

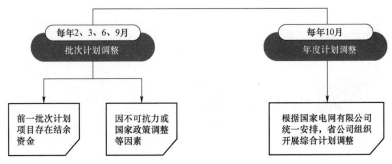

图 2-5　零星购置计划调整工作流程

2.7　评　价　反　馈

（1）各级发展部组织相关部门定期对本单位固定资产零购计划的执行情况进行分析、预警，及时掌握固定资产零购计划实施情况，保障项目按期实施。

（2）各级发展部组织相关部门开展后评价，对固定资产零购项目储备、计划、执行及转资等全过程进行评价，加强实施效果分析。

（3）各级实施单位结合执行分析情况、后评价成果进一步优化完善固定资产零购管理工作，并作为项目储备、计划编制、招标采购的重要依据。

3

零星购置数字化应用

零星购置支撑业务系统体系包括网上电网系统和 ERP 系统。

3.1 网上电网系统

项目储备根据不同的用户进入的角色不同，零购管理专责进入"项目储备（管理）"界面、负责部门进入"项目储备（负责）"界面、配合部门进入"项目储备（配合）"界面。

选择"项目储备"菜单，进入项目储备管理界面，如图 3-1 所示。

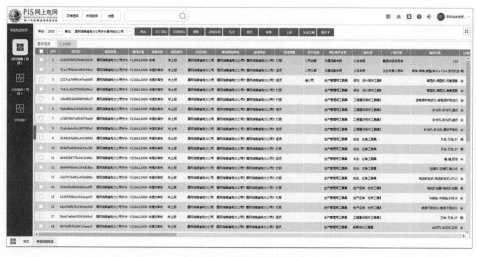

图 3-1　网上电网零购管理项目储备界面

年份：项目储备年份，默认为当前年份。

单位：默认为登录单位名称，还可选择下级单位，查看下级单位上报的储备项目。

查询：可以选择"年份""单位"及查询条件（项目名称、项目企编、审核状态等条件）进行联合查询。

删除：选择需要删除的已入库项目，单击"删除"，弹出"是否删除"对话框，选择"是"删除项目，选择"否"取消删除项目。

导出：单击"导出"可以导出入库项目，也可以导出模板。

保存：①在单击"详细信息"，右边弹出"项目编辑"对话框，编辑完成后，单击"保存"；②在界面中直接对入库项目信息进行编辑后，单击"保存"。

审核：选择入库项目，单击"审核"，审核之后状态为"审核""核准"。

退回：退回审核未通过的下级上报的入库项目。

生成企编：单击生成"生成企编"按钮，自动生成企编。

重置：单击"重置"可以重置查询条件。

收起：单击"收起"可以收起查询条件。

自动增加：单击"自动增加"弹出"设备选择"界面，如图3-2所示。

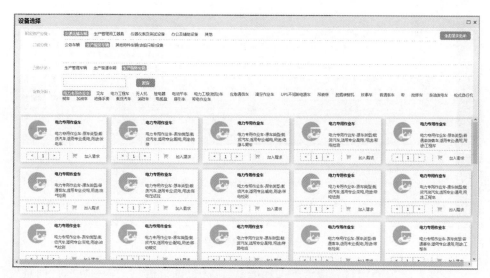

图3-2　网上电网零购管理设备选择界面

根据需求固定资产分类：车辆选择到三级分类，其他选择到二级分类。

设备分类：选择设备分类中设备类型，界面下部展示出设备的型号参数等信息；挑选需要的设备，选择数量，加入需求（注：目前车辆加入需求时只能加入 1 辆，其他类型设备可以批量加入）；也可以在查询框输入需要的设备，下方界面查询模糊查询后的所有设备，选择数量，加入需求。

需求清单：单击"需求清单"，进入需求清单界面。

界面默认展示已加入的所有设备需求，点击上方固定资产分类，打开对应的二级分类、三级分类，分别展示各分类下加入的需求。

可以通过"全选"或复选框，来选择设备。

删除选中设备：单击"删除选中设备"按钮，可以删除已选中设备。

购置类型：需维护设备的购置类型，下拉菜单选择新购置/报废更新/退租更新。

入库：单击"入库"，可以将选中的需求设备生成储备项目并进行入库，点击入库后界面自动跳转至项目储备界面，默认展示刚刚入库的项目信息，如图 3-3 所示。

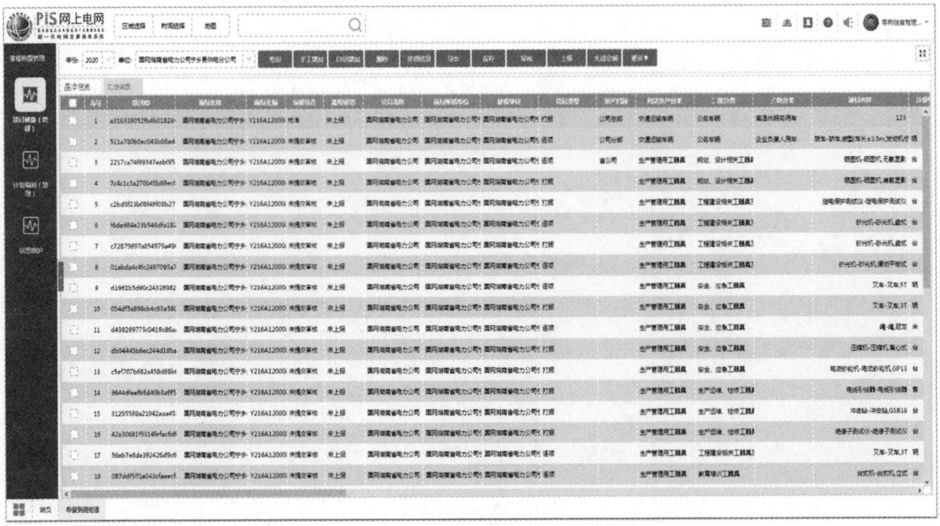

图 3-3　网上电网零购管理储备项目入库界面

勾选已入库的项目，单击"详细信息"，完善项目信息。完善"项目信息"页签信息，带"*"的必须维护。

项目名称：系统根据命名规则自动生成，零购项目命名规则为单位名称+设备名称+购置/报废更新，当项目名称与储备库中项目名称相同、或此次操作自动增加的项目名称相同时，系统自动在名称后增加值进行区分。

项目企编：可单击"生成企编"系统自动生成。

公司名称、项目所属单位、建设单位：自动生成。

项目类型：根据数量系统自动判断，"1"为逐项，"大于1"为打捆。

资产归属：选择资产归属单位。

固定资产分类：根据"选择设备"界面的固定资产分类自动生成。

设备名称：默认为选择设备加入需求的设备名称，单击右侧选项，弹出"关联设备名录"窗口，固定资产分类查询条件默认带过来，可以输入设备名称，单点"查询"，在查询结果中选择设备，就会生成设备名称、项目内容、计量单位。

项目内容：根据所选设备名称关联设备的技术参数等信息，自动生成项目内容，项目内容也可手动编辑修改后保存。

数量：根据"需求清单"界面的数量自动生成。

投资规模：除了车辆为限上项目，其他都为限下项目。

投资计划：录入项目投资金额。

主管审核专业：项目所属的专业和部门。

存量情况：录入存量情况。

配置标准：录入配置标准。

储备评级：项目录入单位对项目进行评级。

项目管理类型：选择项目管理类型（总部管理、各单位管理）。

项目建议书：上传的项目建议书必须为Excel格式。

可研批复文号：填写可研批复意见中的文号。

可研批复意见：上传的可研批复意见必须为pdf格式。

购置类型：可选择新购置、报废更新、退租更新。

3.2　ERP　系　统

零购项目属于资本性项目，所有项目购买的设备都需要建立资产卡片。

具体操作分为物资年度需求计划提报、下达 WBS 元素、创建资产卡片、招标购买、项目关闭五个步骤。购买设备分为两种方式，分别为在电商平台直接购买和招标购买。

3.2.1　物资年度需求计划提报

1. 根据正式项目创建储备库项目及单体

（1）输入事务代码 ZMMNDJH006，点击按钮或单击回车键。

（2）执行后跳转界面，如图 3－4 所示。

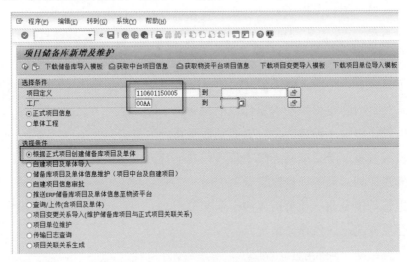

图 3－4　ERP 项目储备库新增及维护界面

输入 ERP 项目定义和工厂，点击执行按钮，系统会查询出项目定义和单体工程信息如图 3－5 所示。

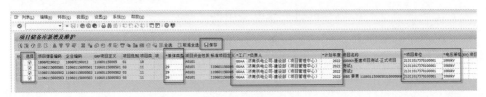

图 3－5　ERP 项目定义和单体工程信息

输入必输字段：如计划年度、工厂、负责人等字段，然后选择行项目，点击保存即可，系统提示 保存成功 。

2. 自建项目导入

（1）输入事务代码 ZMMNDJH006，点击按钮或单击回车键。

（2）执行后跳转界面，如图 3-6 所示。

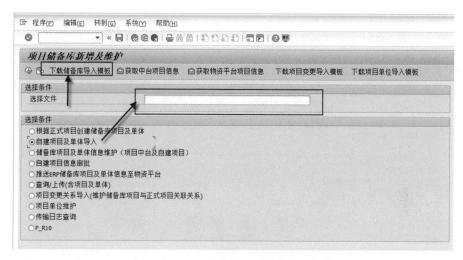

图 3-6 ERP 自建项目及单体导入界面

点击"下载储备库导入模板"，如图 3-7 所示。

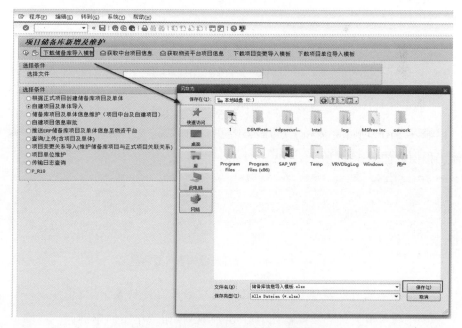

图 3-7 ERP 下载储备库导入模板界面

选择存储，如放在桌面上。

3. 自建项目及单体导入

自建项目及单体导入界面如图 3-8 所示。

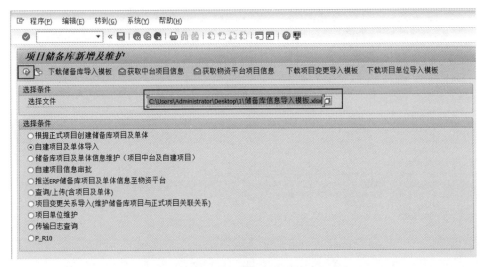

图 3-8　ERP 自建项目及单体导入界面

加载导入模板，点击执行按钮，如果数据有问题，提示导入成功则导入完成，如图 3-9 所示，如果数据有误会在消息一列会示误信息。

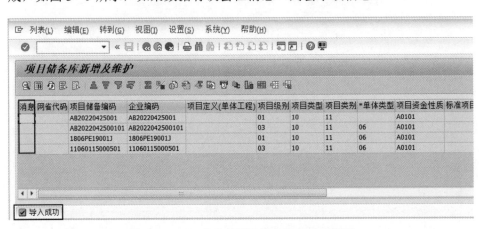

图 3-9　ERP 自建项目及单体导入成功界面

4. 储备库项目及单体信息维护（项目中台及自建项目）

（1）输入事务代码 ZMMNDJH006，点击按钮或单击回车键。

（2）执行后转面，如图 3-10 所示。

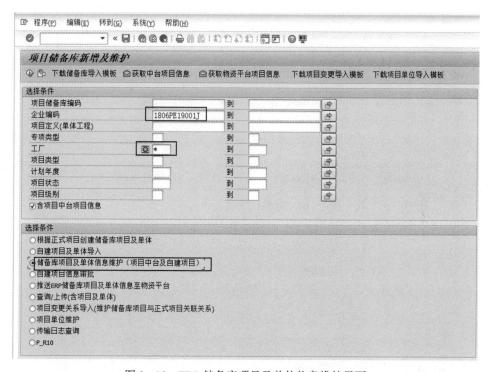

图 3-10　ERP 储备库项目及单体信息维护界面

（3）输入"企业编码"和"工厂"点击执行按钮查询数据，系统会自动带出项目信息和单体信息如图 3-11 所示。

图 3-11　ERP 储备库项目及单体信息查询显示界面

（4）所有带*号的字段都是必输字段，都不能为空，按要求填写完成后，注意选择要保存的行项目后，点击"保存"按钮，系统提示"保存成功"如图 3-12 所示。

图 3-12　ERP 储备库项目及单体信息保存成功界面

5. 自建项目审批

（1）输入事务代码 ZMMNDJH006，点击按钮或单击回车键。

（2）执行后转面，如图 3-13 所示。

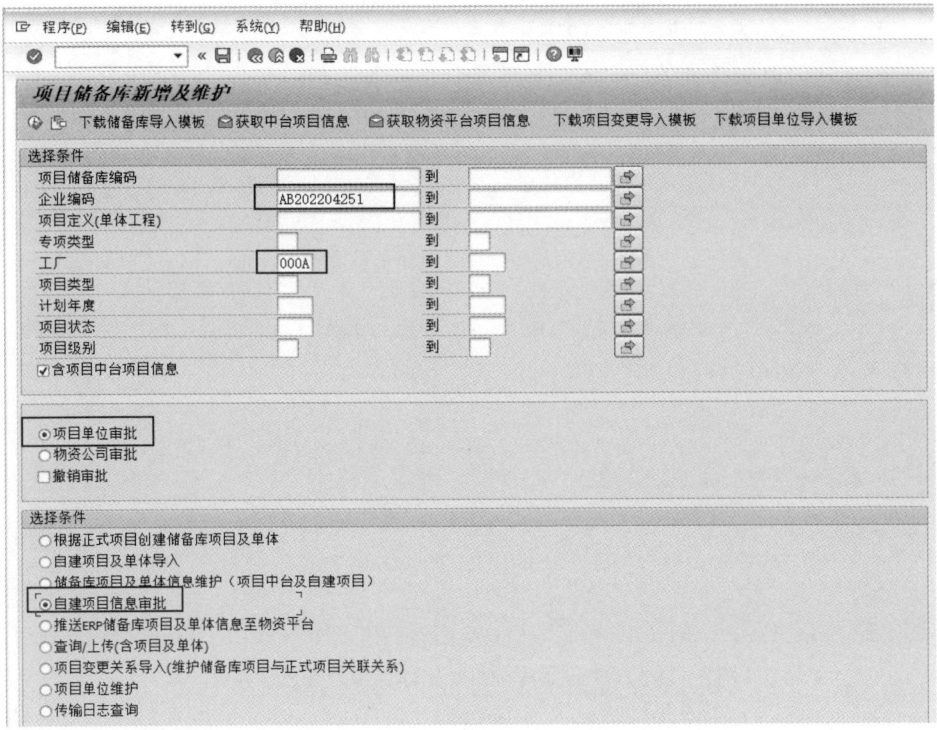

图 3-13　ERP 储备库自建项目信息审批显示界面

输入查询条件点击执行后，显示界面如图 3-14 所示。

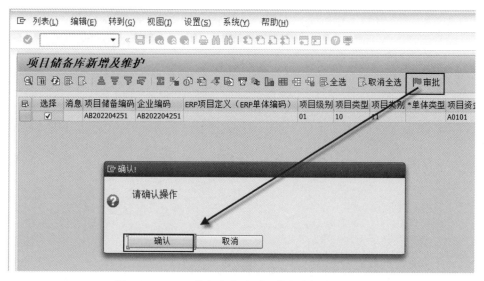

图 3–14 ERP 储备库自建项目信息审批查询界面

　　勾选要审批的行项目，点击审批按钮，系统提示"数据保存成功"，如图 3–15 所示。

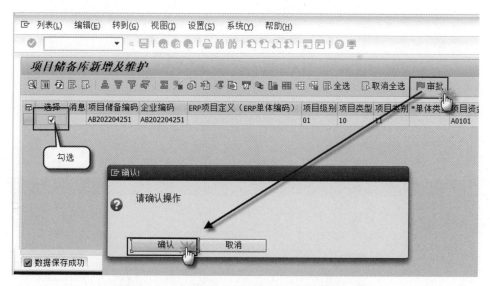

图 3–15 ERP 储备库自建项目信息审批确认界面

6. 年度物资需求计划批量编制

（1）输入事务代码 ZMMNDJH005A，点击按钮或单击回车键。

（2）点击模板下载按钮，下载导入模板，如图 3－16 所示。

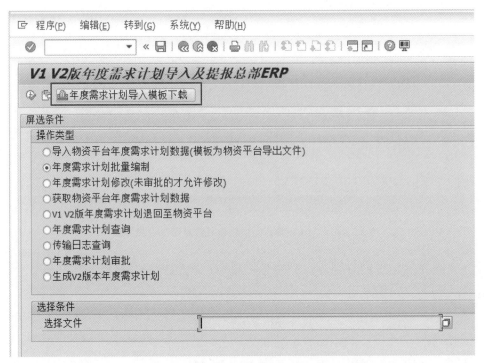

图 3－16　ERP 年度物资需求计划批量编制界面

（3）点击"年度物资需求计划导入模板下载"按钮，下载模板，如图 3－17 所示。模板填写好后，使用本功能导入年度需求计划。

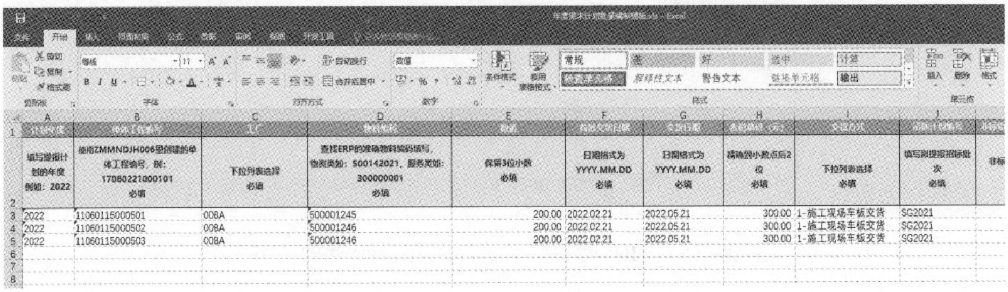

图 3－17　ERP 年度物资需求计划导入模板

（4）填写好后导入 Excel 文件如图 3－18 所示。

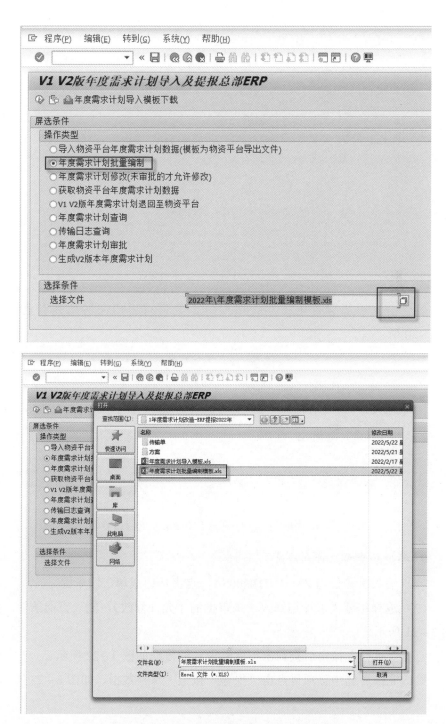

图 3-18 ERP 年度物资需求计划导入界面

点击"打开"按钮，如图 3－19 所示。

图 3－19　ERP 年度物资需求计划导入信息

如果数据没问题点击保存按钮即可，如果有报错在消息列会显示如图 3－20 所示。

图 3－20　ERP 年度物资需求计划导入信息报错界面

7. 年度物资需求计划修改

（1）输入事务代码 ZMMNDJH005A，点击按钮或单击回车键。

（2）选择年度需求计划修改（未审批的才允许修改），输入查询条件，如图 3－21 所示。

点击"执行"按钮后查询出年度需求计划数据如图 3－22 所示。

修改完成后选中行项目点击"保存"按钮，保存数据，如图 3－23 所示。

程序(P)　编辑(E)　转到(G)　系统(Y)　帮助(H)

V1 V2版年度需求计划导入及提报总部ERP

年度需求计划导入模板下载

屏选条件

操作类型
- ○ 年度需求计划批量编制
- ● 年度需求计划修改(未审批的才允许修改)
- ○ 年度需求计划审批
- ○ 生成v2版本年度需求计划
- ○ 年度需求计划查询
- ○ 传输日志查询

选择条件

年度需求计划编码	061202201000001...	到		
需求计划版本		到		
年度需求计划目录编码		到		
工厂	*	到		
需求部门		到		
需求单位		到		
采购组织		到		
采购组		到		
物料号		到		
物资电压等级		到		
数量		到		
基本计量单位		到		

图 3-21　ERP 年度物资需求计划修改界面

图 3-22　ERP 年度物资需求计划修改"执行"界面

图 3-23　ERP 年度物资需求计划修改"保存"界面

29

数据保存成功系统提示如图 3 - 24 所示。

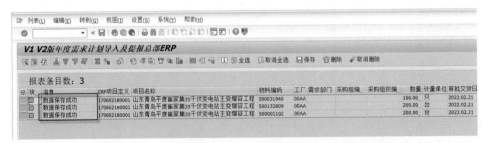

图 3 - 24　ERP 年度物资需求计划修改"保存成功"界面

如需要删除年度物资需求计划选中行项目，点击删除即可，如图 3 - 25 所示。

图 3 - 25　ERP 年度物资需求计划修改"删除"界面

3.2.2　下达 WBS 元素

个别单位的发展部会统一下达 WBS 元素，大部分单位，需要自己下达 WBS 元素。

在 ERP 系统里，输入 CJ20N 命令，输入 ERP 项目编码，打开项目构造器，如图 3 - 26 所示。

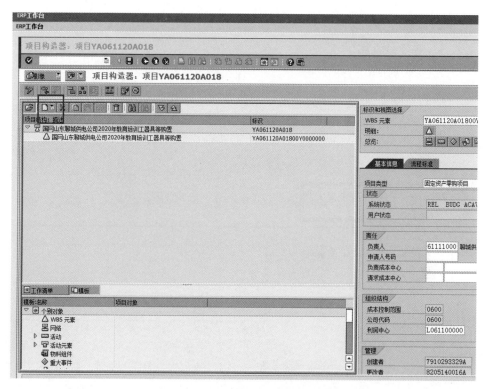

图 3-26 ERP 项目构造器打开界面

点中图 3-27 中灰底内容，然后选择【编辑】,【状态】点击【下达】，点保存。

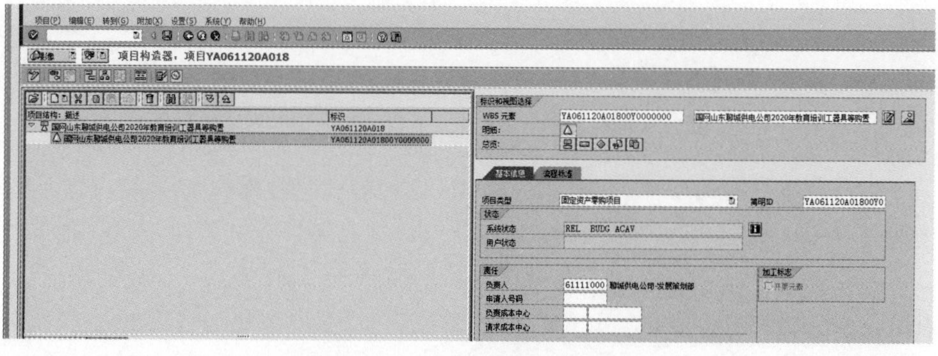

图 3-27 ERP 项目构造器操作界面

3.2.3　招标购买

（1）在 ERP 系统里输入 ME51N 命令。在购物车处选择【零购固定资产及卡片式低值易耗品采购申请】，如图 3-28 所示。

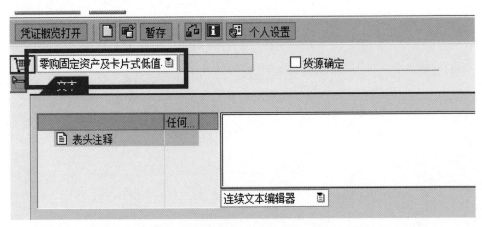

凭证概览打开　暂存　个人设置

零购固定资产及卡片式低值·　　　□货源确定

任何…

表头注释

连续文本编辑器

图 3-28　ERP 零购固定资产及卡片式低值易耗品采购申请

（2）填上物料、申请数量、评价价格、交货日期、采购组、工厂信息，如图 3-29 所示。注意，全部填完后再点击回车。

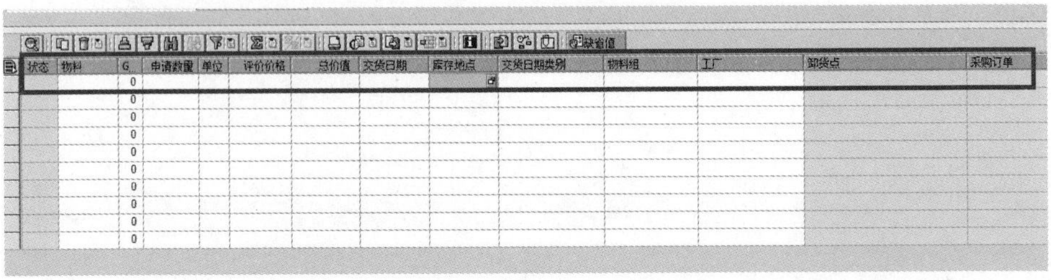

图 3-29　ERP 零购固定资产及卡片式低值易耗品采购申请填报界面

物料：输入*关键词*，找到相应物料。比如触电急救模拟人，输入*仿真*，选择【仿真人】。

申请数量：填写相应申请数量。如想申请 8 个，就输入 8。

评价价格：填写相应价格。

交货日期：应比提报采购申请晚 2 个月。

PGr（也就是，采购组）：选择 0Z1。

工厂：选择相应单位工厂。

（3）填写账户分配的相关内容，如图 3－30 所示。

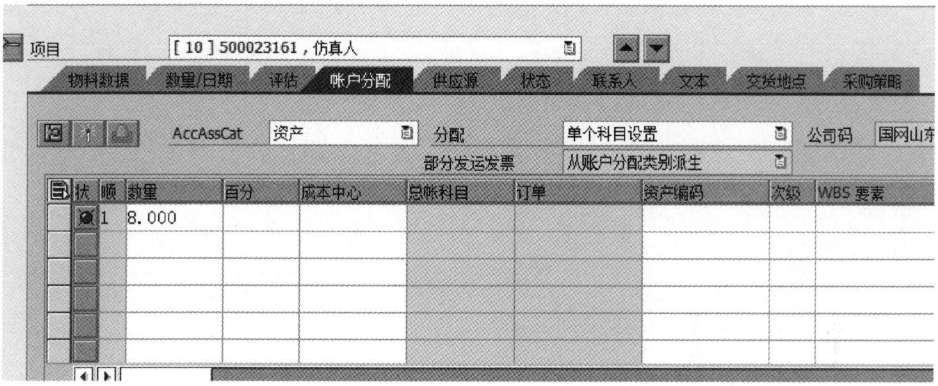

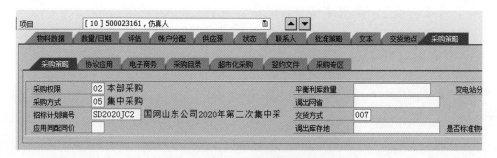

图 3－30　ERP 账户分配填报界面

按数量，增加相应行数，每一行的数量应该为 1 个。

填写成本中心、资产编号、卸货点三个。完成后，点击回车。不用点保存。

（4）填写采购策略的相关内容，如图 3－31 所示。

图 3－31　ERP 采购策略填报界面

填写采购权限、采购方式、招标计划编号和交货方式。完成后，点击回车。

交货方式选择 007。

（5）填写电子商务的相关内容。

挂接技术规范书编号，这个编号是在 ECP 2.0 系统。完成后，点击回车。

（6）后续招投标、签订合同、支付费用都是物资部来完成。

3.2.4　项目关闭

（1）选择项目：通过"项目构造器"的事务码 CJ20N 进入该界面，点击选择要进行关闭的相应项目。

（2）关闭项目：通过"编辑－状态－关闭－集合"对相应项目进行关闭；关注系统状态是否变为"关闭"，是否变更为"CLSD"；确认变更后，点击进行保存，项目关闭操作完成，如图 3－32 所示。项目整个生命周期结束。

图 3－32　ERP 项目关闭界面

3.2.5　查询项目物资采购计划

（1）首先，输入事务代码 ZMMR0007，回车，如图 3－33 所示。

图 3－33　ERP 项目物资采购计划查询界面

（2）选择或输入工厂，并选择或输入版本项目定义，点击"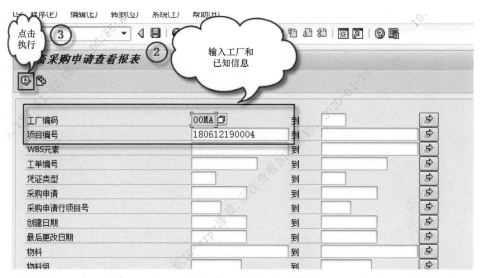"按钮；如图 3－34 所示。

图 3－34　ERP 项目物资采购计划查询执行界面

（3）出现如下界面，可以查看项目的物资采购申请的采购计划信息，如图 3－35 所示。

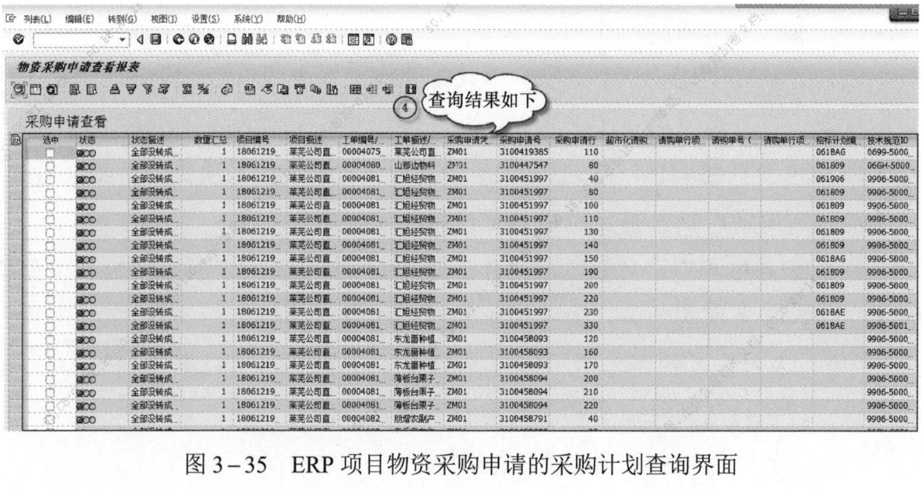

图 3－35　ERP 项目物资采购申请的采购计划查询界面

附录 A 注 意 事 项

（1）调度控制中心、应急指挥中心、信息通信机房、营业厅等专业用房装修费用及其配套设备设施费用应列入相应综合计划专项，不列入零购。

（2）信息化建设项目、信息系统配套的服务器等设备购置、软件购置等项目纳入信息化专项，不列入零购。如服务器、网关、工作站等不纳入零购范畴。

（3）原则上单价5000元以下的物品为低值易耗品，不作为固定资产入账。如望远镜、吸尘器、电冰箱（不包括大型）、洗衣机（不包括大型）、微波炉、淋浴器、电取暖器、乐器、沙发、书柜、办公桌椅、刻录机、碎纸机、空调器（挂壁、移动、窗式）、钳形电流表、万用表等均属于低值易耗品，均不列入零购。

（4）钳子、扳手、螺丝刀、工作服、带电作业工器具等消耗性工器具不列入零购。

（5）综合布线、监控系统、大屏幕、会议系统、中央空调等涉及安装、调试工程量的项目不列入零购。

（6）科研、开发项目不列入零购。

（7）严格控制照相机、摄像机等设备的购置数量和价格，原则上主要考虑报废换新，设备报废更新应在附件、备注中说明需报废设备情况和报废原因。

（8）报废更新项目，除应编制项目建议书、出具零星项目的批复文件外，还应提供废旧资产技术鉴定意见和资产报废鉴定审批表。

（9）公务用车零购计划以近几年新增单位（机构）用车和报废更新公务车辆为主。具备条件的地区，公务用车更新要购置电动汽车。

（10）各单位工程用车购置应统一纳入公司固定资产零购计划和预算，不得通过工程项目法人管理费和生产准备费购置车辆。

（11）计划下达的投资金额为含税价。

（12）下半年的项目调整，建议尽量安排可超市化采购的设备。总部集采的办公电脑框架协议履约周期从前一年6月份至次年6月，建议各单位6月前完成办公电脑购置，防止因框架协议更替、价格变化造成计划结余或调整。

附录 B　固定资产零星购置项目建议书

B.1　项目建议书的内容深度

项目建议书要充分阐述项目必要性，详细说明存量情况；制定项目方案，明确设备主要技术参数、实施时间，配置标准以及废旧资产处理建议；确定项目投资，分析设备实施效果，列出设备明细，说明价格确定依据。

B.2　评 审 内 容 深 度

1. 当年零购设备现状

阐述本单位各类零购设备的存量情况，主要包括总规模、使用年限、与配置标准的差异、是否满足生产需要等。

2. 设备购置必要性

结合实际情况，按照各专业相关配置标准，评审设备购置的必要性。其中，限上项目需逐项分析，限下、零星项目可分类进行分析。

3. 项目方案

设备购置方案：设备的选型是否合理，实施时间是否恰当，以及选择该型号设备的是否具有经济性、安全性。

废旧资产处置方案：明确废旧资产的处置方式。限上项目需逐项分析，限下、零星项目可分类进行分析。

4. 项目规模

评审零购项目购置规模是否合理，是否满足配置标准要求。结合固定资产零购名录、市场询价等，对项目价格进行审核。

固定资产零星购置项目建议书见表 B-1。

表 B-1　　　　　　　　**固定资产零星购置项目建议书**

项目名称		符合零购项目命名规则，与"20××年零星购置专业项目储备表"中一致
项目实施单位		市公司填：国网山东××供电公司 县公司填：国网山东××县供电公司
资产性质（公司总部/公司分部/省级公司/直属单位/直管/控股/代管）		省级公司
购置年度		20××年
项目必要性	目前存量情况	简单阐述存量与配置数量标准，与"20××年零星购置专业项目储备表"一致
	存在的问题	从使用年限、配置数量、技术参数等方面简要描述存在的问题
	配置必要性	从业务需求、现场实际工作要求等方面简要描述购置该设备的必要性
项目方案	配置方案（包含设备选型、实施时间等）	20××年购置××设备××台
	配置标准	重点说明确定零购设备购置规模的依据或配备原则
	废旧资产处置建议（附技术鉴定意见）	（1）无废旧资产。 （2）按照国家电网公司废旧物资处置管理流程进行处置
项目投资（万元）		与"20××年零星购置专业项目储备表"中一致
效益分析		从经济效益、管理效益、社会效益等方面进行分析

购置明细

名称	规格及型号	数量	单价（万元）	合计（万元）	单价依据	审核专业
与"20××年零星购置专业项目储备表"中一致	该设备技术参数，不要出现品牌	与储备表中一致	含税	与储备表中一致	（1）市场询价。（2）商城价格。（3）××年采购中标价格	与储备表中一致

编制：　　　　　　审核：　　　　　　批准：

附录 C 零星购置专业项目储备表

（1）各单位应选取实施条件成熟的设备储备立项，按照不同专业项目重要程度由高到低排序填写。

（2）零购项目名称应严格按照综合计划零购命名规则编制。其中，新购项目按照"项目所属单位＋20××年＋设备名称＋购置"格式编制；更新项目按照"项目所属单位＋20××年＋设备名称＋报废更新"格式编制。

（3）零购项目应根据重要程度、紧迫程度进行排序，原则上分为 A、B、C、D 四个等级。A 类为关系安全生产的刚需项目，B 类为服务经营发展的基本项目，C 类为服务长远发展需要的优化提升项目，D 类为在投入能力富余情况下可安排实施的预备项目。A、B 类项目比例不低于 70%，C、D 类项目比例不高于 30%。其中，A、B 类项目要以生产一线班组必备的工器具、仪器仪表为主，办公及辅助设备主要为 C、D 类项目。

（4）各单位储备项目除正确选择二级分类和主管审核专业以外，检修、营销专业还应在备注中注明专业方向。其中，检修专业项目应注明"变电运维、变电检修、输电运检、输电带电作业、配电运检、配电带电作业、电气试验"；安监部配合的项目应注明"安全、应急"；营销专业项目应注明"计量采集、装表接电、用电检查"。

附 录 D 低 值 易 耗 品 目 录

重点低值易耗品目录内的设备，无论价格高低，均不纳入零购专项。低值易耗品目录见表 D−1。

低 值 易 耗 品 目 录

表 D−1

序号	名称	序号	名称	序号	名称	序号	名称	序号	名称	序号	名称	序号	名称
1	望远镜	9	微波炉	17	打字机	25	城乡居民用电能表及表箱	33	音响设备	41	光电管自动控制器	49	低周减衰器
2	吸尘器	10	淋浴器	18	刻录机	26	绝缘电阻测定器	34	扩音器	42	变阻器	50	空气干燥器
3	计算器	11	电取暖器	19	碎纸机	27	接地抵抗测定器	35	点钞机	43	试验交流器	51	空气震荡器
4	电子词典（翻译器）	12	电风扇（台、立、吊式）	20	制冷（热）饮机	28	火花试验器	36	同步瞬时记时器	44	电阻电容测定器	52	线圈圈数测定仪
5	传呼机	13	乐器	21	空调器（挂壁、移动、窗式）	29	继电器试验器	37	继电器作用时间测定器	45	标准电阻器	53	低电阻测定仪
6	助动车	14	沙发	22	冷风机	30	电能表试验器	38	周波计算器	46	检流器	54	钳型测试仪
7	电话机（包括录音电话、无绳电话）	15	书柜	23	录像机	31	安定度试验器	39	分流器	47	线圈短路测定器	55	单臂电桥
8	洗衣机（不包括大型）	16	办公桌椅	24	自行车	32	光电管试验器	40	分压器	48	电缆勘测器	56	负荷变流器

续表

序号	名称	序号	名称	序号	名称	序号	名称	序号	名称	序号	名称
57	电气秒表	68	直流测电阻	79	电导仪	90	比色仪	101	洗管器	112	泡沫灭火器（包括车架式）	123	小矿车
58	无功标准电能表	69	遥表（兆欧表、迈格表）	80	导电度高阻仪	91	球磨机（煤分析化验用）	102	油黏度计	113	砚标仪	124	包纱车
59	有功标准电能表	70	电子开关	81	可变电阻箱	92	碎煤机（煤分析化验用）	103	水文绞车	114	土壤分析仪	125	砂轮机
60	工作台	71	高压整流管	82	水分测定仪	93	粉煤机（煤分析化验用）	104	手动水压试验泵	115	光学测温计	126	潜水服
61	抄表机	72	滑动电阻	83	闭口闪电测试仪	94	便携式滤油机	105	手电钻	116	荧光光度计	127	风速计
62	相序表	73	冲磁机	84	针入度测试仪	95	线剂量笔	106	台钻	117	自记雨量计	128	风速计算器
63	仪表柜	74	热偶温度表	85	自动滴定仪	96	弯管器	107	带电作业工具	118	风速风向计	129	氧气瓶
64	万能表	75	水浴	86	滴定电位计	97	扩管器	108	铰磨	119	神仙葫芦（练式起重机）	130	扒杆
65	钳型电流表	76	砂浴	87	光电比色计	98	铆钉机	109	蒙古包	120	手动水压机	131	升降梯
66	包线机	77	油浴	88	自记气压计	99	罗盘仪	110	帐篷	121	包线机		
67	携带风速表	78	pH值测定仪	89	赛式黏度计	100	收录机	111	蓬布	122	卷线机		

41

附录 E　车辆零购设备配置标准

各单位生产车辆购置需严格按照不超本单位车辆编制条件进行储备，生产管理用车和生产普通用车均不得突破编制进行购置。各单位可根据生产经营需要选择越野车、客车（小型、中型、大型）、载货汽车（轻型、中型、重型）、轿货两用车（皮卡车）、客货两用车（工程车），以及生产特种车辆，原则上使用国产汽车，其中：

（1）越野车：排气量 3.0L 及以下、购置价格 30 万元以下（不含各种税费，下同）。

（2）小型客车（小于 9 座）：购置价格 35 万元以下。其中小型轿车：排气量 1.8L 及以下、购置价格 18 万元以下。

（3）中型客车（10～19 座）：购置价格 38 万元以下。

（4）大型客车（大于 20 座）：购置价格 50 万元以下。

（5）轻型货车（车长＜6m，总质量＜4500kg）：购置价格 16 万元以下。

（6）中型货车（车长≥6m，4500kg≤总质量＜12000kg）：购置价格 20 万元以下。

（7）重型货车（车长≥6m，总质量≥12000kg）：购置价格 35 万元以下。

（8）轿货两用车（皮卡车）：购置价格 18 万元以下。

（9）客货两用车（工程车）：购置价格 28 万元以下。

（10）生产特种车辆选型应满足具体业务需求，并符合相关专业技术标准要求。生产特种车辆包括高空作业车、带电作业车、吊车、发电车、检修试验车等。